Inhalt.

A. B. C. Die Katze lief in'n Schnee 3
Abends will ich schlafen gehn. 25
Alle Jahre wieder 45
Alle Vöglein sind schon da 31
Alles neu macht der Mai 35
Der Kuckuck und der Esel 5
Der Mai ist gekommen 34
Ein Männlein steht im Walde 9
Es kamen grüne Vögelein 41
Es klappert die Mühle 38
Es tanzt ein Bi-Ba-Butzemann 16
Fuchs, du hast die Gans gestohlen 12
Gestern Abend ging ich aus 14
Guten Abend, gut' Nacht 26
Guter Mond, du gehst so stille 24
Hänschen, klein 10
Häslein in der Grube sitzt und schläft 7
Hopp, hopp, hopp!. 4
Ihr Kinderlein kommet 44
Im Wald und auf der Heide 39

Komm, lieber Mai 30
Kommt ein Vogel geflogen 40
Kuckuck, Kuckuck ruft's aus dem Wald 33
Maikäfer flieg! 20
Müde bin ich, geh' zur Ruh' 22
O du lieber Augustin 13
O Tannebaum 46
Ringel, Ringel, Reihe 6
Stille Nacht, heilige Nacht! 47
Summ, summ, summ!. 11
Suse, liebe Suse 17
Tra-ri-ra! Der Sommer, der ist da! 36
Vögel singen, Blumen blühen 37
Weißt du, wie viel Sternlein stehen 21
Wenn ich ein Vöglein wär' 43
Wer hat die schönsten Schäfchen? 23
Will ich in mein Gärtlein gehn 18
Winter ade! 29
Zwischen Berg und tiefem, tiefem Tal 15

Bestell-Nr. ED 7070
Reprint der Ausgabe Mainz Bd. I 1900, Bd. II 1902
in neuer Auswahl und Zusammenstellung
© 1982 B. Schott's Söhne, Mainz
Printed in Germany · BSS 45164
ISBN 3-7957-2736-7

Wettstreit

Der Kuk-kuck und der E-sel die hat-ten gro-ssen Streit, wer wohl am be-sten sän-ge, wer wohl am be-sten sän-ge zur schö-nen Mai-en-zeit, zur schö-nen Mai-en-zeit.

2. Der Kuckuck sprach: „das kann ich!"
und hub gleich an zu schrei'n.
„Ich aber kann es besser!
ich aber kann es besser!"
fiel gleich der Esel ein,
fiel gleich der Esel ein.

3. Das klang so schön und lieblich,
so schön von fern und nah:
Sie sangen alle beide,
sie sangen alle beide
Kuku kuku ia!
Kuku kuku ia!

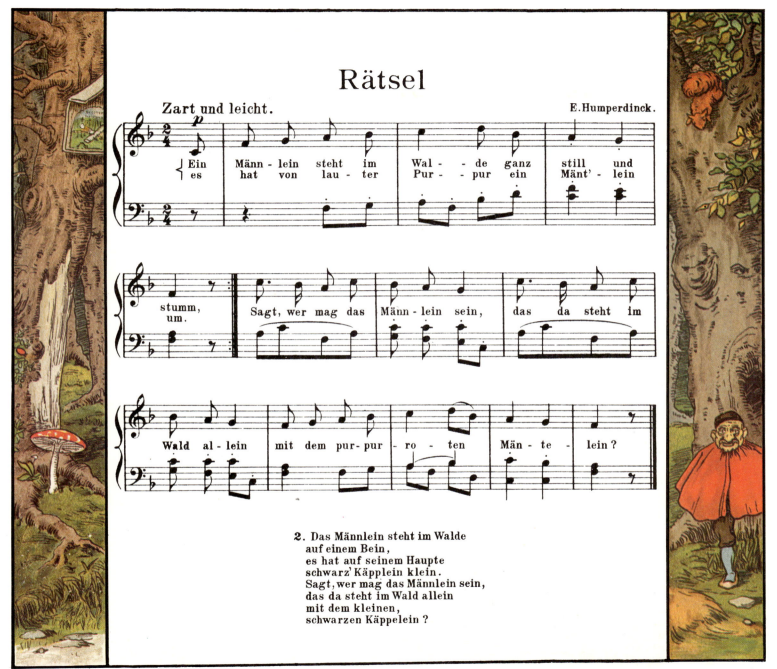

O, du lieber Augustin

Lustig

O, du lie-ber Au-gu-stin, Au-gu-stin, Au-gu-stin,

o, du lie-ber Au-gu-stin, Al-les ist hin!

Geld ist weg, Geld ist weg, Al-les weg, al-les weg!

O, du lie-ber Au-gu-stin, Al-les ist hin.

Das bucklige Männlein

Maikäfer, flieg!

Das Lied vom Monde

Wer hat die schön-sten Schäf-chen? Die hat der gold'-ne Mond, der

hin-ter un-sern Bäu-men am Him-mel drü-ben wohnt.

2. Er kommt am späten Abend,
   wenn alles schlafen will,
   hervor aus seinem Hause
   zum Himmel leis' und still.

3. Dann weidet er die Schäfchen
   auf seiner blauen Flur;
   denn all' die weissen Sterne
   sind seine Schäfchen nur.

4. Sie thun sich nichts zu Leide,
   hat eins das and're gern,
   und Schwestern sind und Brüder
   da droben Stern an Stern.

5. Und soll ich dir eins bringen,
   so darfst du niemals schrei'n,
   musst freundlich wie die Schäfchen
   und wie ihr Schäfer sein.

Wiegenlied

Joh. Brahms.

Winters Abschied

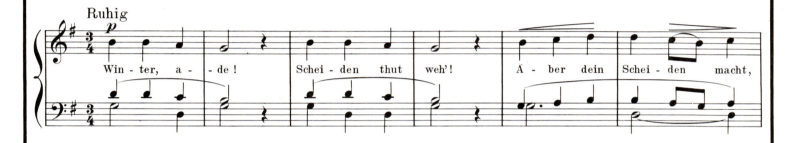

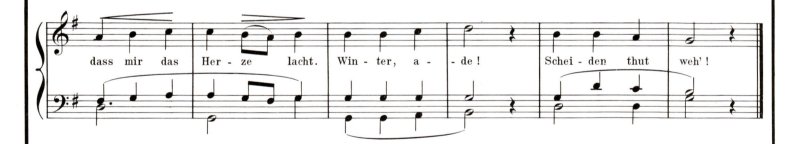

2. Winter, ade!
   Scheiden thut weh'!
   Gerne vergess' ich dein,
   kannst immer ferne sein.
   Winter, ade!
   Scheiden thut weh'!

3. Winter, ade!
   Scheiden thut weh'!
   Gehst du nicht bald nach Haus,
   lacht dich der Kuckuck aus.
   Winter, ade!
   Scheiden thut weh'!

Sehnsucht nach dem Frühling

Wanderschaft

Munter.

1. Der Mai ist ge-kom-men, die Bäu-me schla-gen aus, da blei-be, wer Lust hat, mit Sor-gen zu Haus! Wie die Wol-ken dort wan-dern am himm-li-schen Zelt, so steht auch mir der Sinn in die wei-te, wei-te Welt.
2. Frisch auf drum, frisch auf im hel-len Son-nen-strahl, wohl ü-ber die Ber-ge, wohl durch das tie-fe Thal! Die Quel-len er-klin-gen, die Bäu-me rau-schen all'; mein Herz ist wie 'ne Ler-che und stim-met ein mit Schall.
3. O Wandern, o Wandern, du frei-e Bur-schen-lust! Da we-het Got-tes O-dem so frisch in die Brust; da sin-get und jauch-zet das Herz zum Him-mels-zelt: wie bist du doch so schön, o du wei-te, wei-te Welt!

Sommerlied

Wanderlied

Nicht zu schnell.

Vö-gel sin-gen, Blu-men blü-hen, grün ist wie-der Wald und Feld. O, so lasst uns ziehn und wan-dern von dem ei-nen Ort zum an-dern in die wei-te grü-ne Welt!

Wie im Bau-er sitzt der Vo-gel, sas-sen wir noch jüngst zu Haus. Auf-ge-tan ist jetzt das Bau-er, hin ist Win-ter, Kält' und Trau-er, und wir flie-gen wie-der aus.

Freu-de lebt auf al-len We-gen, um uns, mit uns, ü-ber-all; Freu-de säu-selt aus den Lüf-ten, hau-chet aus den Blu-men-düf-ten, tönt im Sang der Nach-ti-gall.

Nun so lasst uns ziehn und wan-dern durch den neu-en Son-nen-schein, durch die lich-ten Au'n und Fel-der, durch die dun-kel-grü-nen Wäl-der in die neu-e Welt hin-ein.

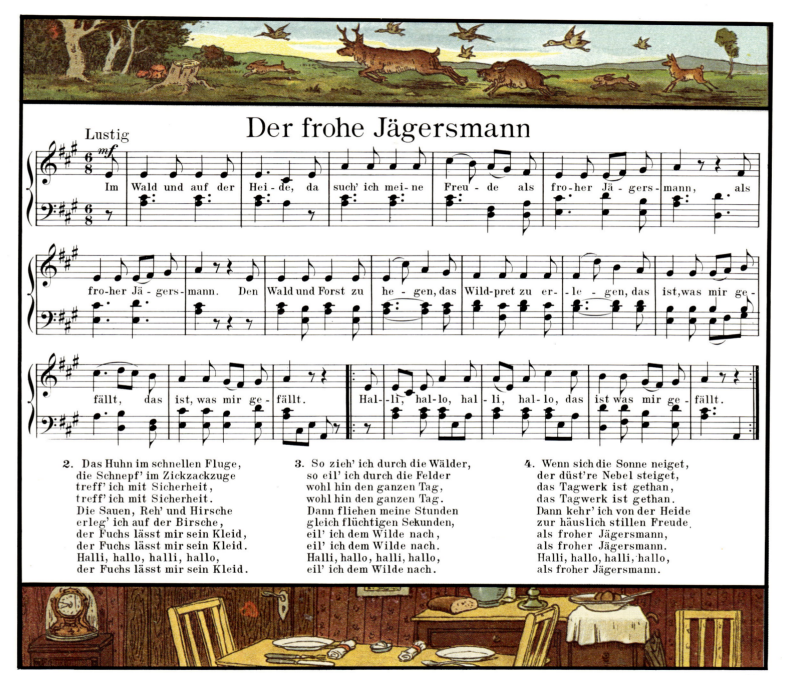

Wenn ich ein Vöglein wär'

2. Ist ja auch hier so schön,
   wo Wald und Thal und Höh'n
   lieblich erblüh'n,
   wo ich stets wandern kann,
   wo ich stets wandern kann,
   lustig im Grün!

3. Drum, liebes Vöglein klein,
   flieg' in die Welt hinein,
   ich, ich bleib' hier;
   doch, wenn der Frühling kommt,
   doch, wenn der Frühling kommt,
   kehr' her zu mir!

Weihnachtslied

Freudig

Ihr Kinderlein kommet, o kommet doch all', zur Krippe her kommet in Bethlehems Stall, und seht was in dieser hoch-heiligen Nacht der Va-ter im Himmel für Freude uns macht.

2. O seht in der Krippe im nächtlichen Stall,
   seht hier bei des Lichtleins hellglänzendem Strahl
   den lieblichen Knaben, das himmlische Kind,
   viel schöner und holder, als Engelein sind.

3. Da liegt es, ihr Kinder, auf Heu und auf Stroh,
   Maria und Joseph betrachten es froh,
   die redlichen Hirten knie'n betend davor,
   hoch oben schwebt jubelnd der (himmlische) Engelein Chor.

4. O beugt, wie die Hirten, anbetend die Knie',
   erhebet die Händlein und danket, wie sie;
   stimmt freudig, ihr Kinder, wer wollt' sich nicht freu'n,
   stimmt freudig zum Jubel der Engel mit ein!

Weihnachtslied

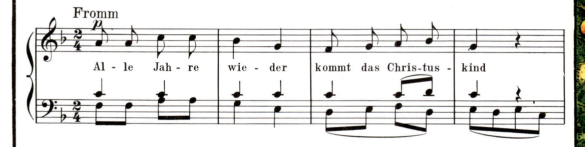

2. Kehrt mit seinem Segen
ein in jedes Haus,
geht auf allen Wegen
mit uns ein und aus.

3. Steht auch mir zur Seite
still und unerkannt,
dass es treu mich leite
an der lieben Hand.

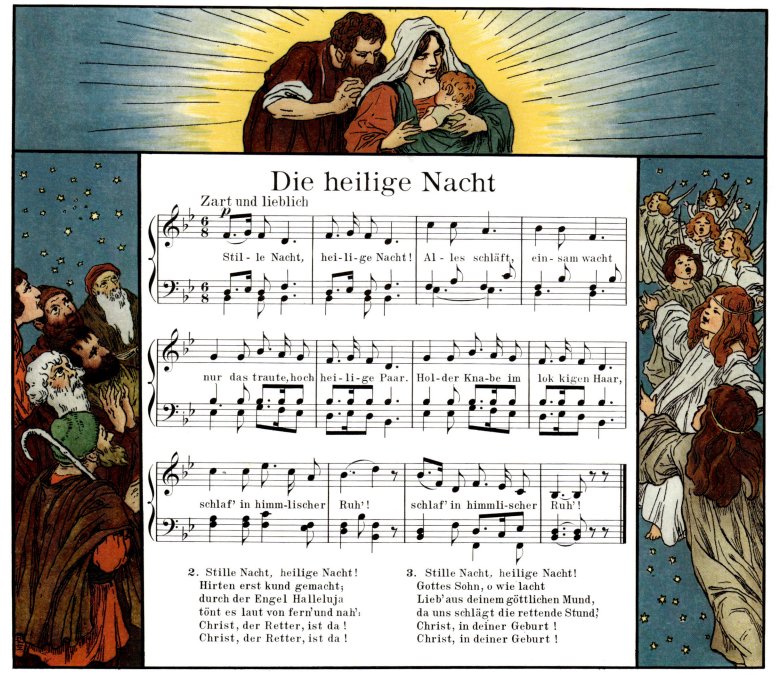